황두승 제7시집

시선집

아름다운 산행

아름다운 산행

황두승

채븐사

시인의 말

어진 사람은
산을 좋아 하고
산행을 즐기노라

제7시집 『아름다운 산행』 시선집을 내면서

　인자요산仁者樂山이라! 어진 사람은 산을 좋아 하고, 산행을 즐기노라!

　두승은 등산登山이나 입산入山이라는 말 대신에 산행山行이라는 용어를 선호한다.
　등산이라는 말은 산에 오르고 산을 정복한다는 뉘앙스가 있고, 입산이라는 말은 수도修道행위나 노동勞動행위를 위하여 산에 들어간다는 의미가 담겨 있다. 그냥 '산에 간다'는 산행이라는 말이 시인에게는 가장 잘 어울리는 듯하다.

　누구나 자기 나름대로 산행의 이유를 가지고 있을 것이다. 전문가라 할 정도로 산행을 즐겨하는 어느 선배에게 얼핏 물었다. "왜 산에 가냐고?" 의외의 대답이 들려 왔다. "살기 위해서!"
　대부분의 사람들은 겉으로야 멀쩡해 보여도 육체적, 심적, 영적으로 많은 상처를 안고 살아간다. 그리고 자연은 '치유의 힘'을 품고 있다. 치유의 길을 걷는 산행의 즐거움은 산행의 고통을 훨씬 능가하기 때문에, 발걸음을 내딛게 될 것이다.
　산행을 통하여 태초에 생명을 잉태한 영원한 시공時空의 자궁 속으로 돌아가는 귀환여행을 예행연습하는 것인지도 모른다.

예전 네덜란드 암스테르담에서 독일 본Bonn으로 여행할 때, 차창 밖으로 거의 산을 볼 수 없었다. 그런데 우리 사는 동네에, 집 가까이에 산이 없는 곳이 과연 있는가? 그래서 그런지 우리나라 사람 절반 이상이 산행을 즐긴다고 한다. 힐링의 숲을 가까이 둔 우리 한국인은 얼마나 행복한 것인가!

세월 따라 몸도 간다. 인생총량의 법칙에 따라, 움직일 수 있을 때 산행의 즐거움을 누릴 수밖에 없다.

산행하면서 마음껏 그리워하기도 하고, 모든 상처의 슬픔을 날려 버리기도 하고, 희망의 기다림 속에 쌓이는 고뇌와 고통과 고독일랑 떨쳐 버리자고 할 때, 산행을 함께 하는 도반道伴이 필요하다. '어느 산으로 가는가'보다 '누구와 함께 산행하는가'가 더 중요하지 않겠는가?

두승의 제7시집, 『아름다운 산행』 시선집은 하나의 미천한 인생에서 걸었던 산행의 수행록隨行錄에 불과하다. 그렇지만 이 시선집이 어느 수도사修道士에게는 그 고행록에 참조가 될 수 있도록, 그리고 어느 순례자에게는 간절한 기도문이 될 수 있도록, 아름다운 산행에 조금이라도 기여할 수 있는 도반이 되기를 고대해 본다.

차례

시인의 말 ·························· 6

아름다운 산행

설국 ·························· 14
숨은 벽 ························ 15
야간산행 ······················ 16
안개 ·························· 18
겨울산행 ······················ 19

낙도입문 ······················ 21

주흘산 단풍 ···················· 23

발왕산에서 ····················· 25

사량도 지리산 ··················· 26

백두산에 올라 ··················· 28

미인송 ······················· 29

계룡산 산행 ···················· 30

서리산 연분홍 ··················· 32

태백산 시산제 ··················· 33

황산의 추억 ···················· 35

변산 바람꽃은 바람에 지지 않는다 ······ 37

빛깔 고운 교향곡을 아시나요 ·········· 39

신선봉에서 ····················· 40

두승산에서 ····················· 42

한라산에 올라 ··················· 43

산행 친구의 죽음 ················· 44

캠 ························· 45

도솔천이 어드멘가 ················· 46

방태산 주억봉 ··················· 48

황룡 가는 길 ···················· 49

아예 이름을 갖지 아니하노라. ………… 50

굴업도의 천문학 …………………… 51

여섬 ………………………………… 53

관백정에서 ………………………… 55

생태물리학 ………………………… 56

무창포의 석양 ……………………… 58

사초 ………………………………… 60

축제의 마지막 날 …………………… 62

눈길 ………………………………… 64

동행 ………………………………… 65

갈림길에서 ………………………… 67

설산 ………………………………… 68

민둥산 ……………………………… 69

강각에서 …………………………… 70

문수봉 가는 길 ……………………… 72

귀인은 고개를 숙인다 ……………… 74

노추산 산행 ………………………… 76

얼레지 ……………………………… 78

신비스런 시산제 …………………… 80

지리산에 올라 ……………………… 81

모서리에 서다 ····················· 84
반구정에서 화석정까지 ················ 85
비 내리는 순천만에서 ················ 88
왕시루봉은 어디에 있는가 ············ 90
칠만암을 바라보며 ·················· 91
설악의 달 ························· 93
철학자의 길 ······················· 95
산도화 서정 ······················· 97
순례자의 첫사랑 ···················· 98

아름다운 산행

설국雪國

눈이 내리기로소니 추위를 탓하랴

상념만으로 그대와 동행하여도 이렇게 다스한 것을

눈이 휘날리기로서니 바람을 탓하랴

삭풍으로 곱은 손, 도시락 열자

가랑눈 덮인 김치향기, 이렇게 함박웃음 피우게 하는 것을

눈이 쌓이기로서니 겨울을 탓하랴

한라산 계곡, 겨울을 꼬옥 껴안고 봄바람 잉태하는 것을

백록담 너머 상록수에 하얀 동화가 가득 걸리어 있는 것을

그대, 그리움으로 엮은 설경이로서니

유유하게 활강하는 까마귀를 탓하랴

동화구연童話口演 까마귀마저 산수화 화폭 속으로 입적入寂하노니

전설 속의 설국이 따로 있나

항상 지금 여기가 축제이거늘

겨울 숲속의 향연을 꿈속에 보았나

벌써 관음사觀音寺에 이르렀네.

숨은 벽

사기막 골로 접어들어
멀리서 보면 갈 길은 없다.
다가갈수록 넘어야 할 길로 열린다.
3월의 겨울,
잔설의 위협은 곳곳에 남아 있었다.
노 수녀님 일행은 이 능선을
활짝 웃으며 넘고 있었다.
고즈넉한 평화도 잠시
시달린 발길을 채근하고
용혈봉에 누워서
푸른 하늘을 우러러 보노라니,
직업이 혁명가라던
용정리 대한독립군의 외침이
아직 숨죽이고 있는 봄바람 따라
삼각산에 메아리치고 있었다.
오늘은 삼일절이었다.

야간산행

마라톤 출발 전
엷은 떨림처럼
깊어가는 가을 속으로
야간산행은 시작된다.

산등성이에 박쥐처럼 웅크리고 있던 어둠이
구름사이 서기어린 달빛에 알몸을 드러낼 때
홍진에 쌓인 불손한 마음
이름 모를 별빛 받아 허공에 내던지니
살짝이 내비치던 죽음의 나신裸身도
팔딱이는 호흡 속에 미소 지으며
산 정상의 신비스런 운무를 일으키고
모습을 감춘다.

새벽녘 서광으로 남 몰래 단장하던
계곡의 단풍은
폭포를 벗 삼아 추억의 사진을 찍고 있다.

한 줄기 계곡바람에 홍조 띤 낙엽비가 내리더니

겨울을 재촉하는 보슬비가 선계仙界의 금을 긋고 있다.

꿈꾸는 안식의 본능을 억눌렀던

청정한 폭포수 소리도

고찰古刹의 풍경소리와 더불어

이내 가냘프게 들리더니

다음날 출근 일정의 생각으로

벌써 속계俗界에 발을 내딛고 있다.

안개

금수산 자락에서
어둠을 살라먹고
작은 동산 넘어와
달빛 엷어질 때
지난 청춘을 흐릿하게
토해 놓는다.

초가을 햇살에 산화되기 전
회색빛 파스텔 하나 꺼내들고
유유히 호반의 아침을 그린다.
너의 캔버스에 그리나
내 마음의 도화지에 그리나

알 듯 모를 듯한 색조로
맑은 바람에 기억을 간추려
중년의 삶을 반투명으로 그린다.
가물거리는 추억마저
호수에 내던지며

겨울산행

하염없이 오르기만 하다가도
육신은 제 몸마저 못 이겨 흐느적거리더라도
땀 냄새 가득 직각의 비탈에 서서도
안식은 있다.
그것은 귀소歸巢의 꿈이다.

푹신하게 쌓인 흰 눈으로 안장을 하고
겨울바람을 고삐삼아
오르락내리락 능선을 타는 승마 산행
웃음이 절로 나니
괜히 볼을 에이는 동장군이 뻘쭘하다.

연약한 철쭉 가지에 만발한
얼음꽃 숲속 길 거닐며
바람과 구름과 함께
벌거벗은 자작나무 흰 속살
이름 모를 겨울나무의 검은 뼈도

원초의 숨소리 함께 나누나니
풍운아여! 길을 잃어도 무슨 상관이랴!
사뿐 사뿐 걷는 봄처녀 치마 깃에 이는
바람소리나 귀 기울이려나.

저 멀리, 평화의 바다 건너오는 봄
이 모진 삭풍도 막지 못할 테니
하산하는 발걸음만 가벼운데
치열함을 잊은 고목에는
얼음꽃도 피우지 않는구나.
저 건너, 구름바다에 언뜻 언뜻 보이는
고적한 섬 가운데
원래 짙푸른 소나무 더욱 돋쳐 푸르다.

낙도입문樂道入門

도道란 무엇인가요

인간이란 어떠한 존재인가요

우리의 삶에서 도道를 어떻게 행할 것인가요

도道를 닦거나 깨우치고자 하는 사람들에게

'하루에' 도道를 '즐기는' 방법을 안내하고자 합니다.

새벽녘에 감을 깎고,

옥수수와 고구마를 삶아

두유와 함께 점심 도시락을 마련하세요

그리고 도락산道樂山으로 들어가세요

도락산은 붉은 해가 떠오르는 동녘 땅에 있답니다.

철제스틱으로 산행하지 마시고

검은 장갑을 끼세요

기어오르듯, 굴러내리듯

마루금을 따라 도道를 즐기는 산,

오르내리 능선을 타세요

엉덩이에 흙먼지를 묻힌들 무슨 상관이겠어요

바위를 껴안고 자란 소나무들을

보듬어 주고,

고사목을 어루만지며,

제 나름대로 서있는 암석들도 쓰다듬어 주세요
딱따구리 나무 쪼아대는 퉁퉁 소리 울리고요
까마귀가 여유롭게 비상하며 인사하구요
딱새, 박새, 동고비도
오솔길을 뛰며 날듯 귀엽게 맞아 줍니다.
봉우리를 오를 때마다
형과 아우를 생각하며 걷기도 하고요
푸른 하늘, 하얀 구름과 색색이 물든 단풍이
채운봉에 걸려있네요
비어 있는 신선대 통바위에선
잠시나마 득도得道도 빌어 보고요
아득한 산등성이들 바라보며
저 멀리 애달픈 그리움일랑 날려 보내세요
내리막길에 남근목을 잡고 반성도 해보세요
하산하여 식도락으로 마늘 약선도 즐기세요
도道를 즐기는 하루가 꿈같았다구요
또 다른 새벽녘에 뻑적지근하게 느낀다면,
도道를 즐긴 행복이라 여기세요

주흘산 단풍

재를 넘고 넘던 선비들
꿈이 등짐이 될 줄 몰랐으리라.
재를 넘나들던 산새들
노래가 눈물인 줄 몰랐으리라.
기쁜 소식은 새재를 넘어
세월을 넘어
네가 품은 선홍빛 햇살로 머물렀으리라.

우뚝 솟은 산이 험하기도 하지
나그네의 혼잣말에
주목하라! 나를
그냥 흘겨보지 마라!
바위 뒤에 숨은 폭포도 가리키며
계곡길 따라 오르는 너는
나그네보다 항상 먼저 산마루에 오른다.

아무리 당당한 너의 기세도

이제 눈길에서 멀어질 수밖에 없나니
빨리 오르던, 천천히 오르던
그저 남는 것은
아름다웠노라고 추억할 수 있는
만남의 연분뿐이었으리라.

곧바로 이별이 아쉬운 듯
석양이 하산길 마중 나올 때
더욱더 뜨거운 너의 열정은
재아래 물길 따라
나그네 가슴에 흐른다.

발왕산에서

눈 덮인 숲속 길
홀로 걷는 이는 외롭지 않다.
눈길을 내딛는 발걸음에
겨울바람 지워가며
산비탈 바로 윗자락에
노루 한 쌍 다정하다.
철쭉오름 쉼터에서
오대산을 그리워한들 무엇하랴

깔딱고개도
내려가기 위해 있는 것을
아무리 용틀임을 하며
외줄에 매달려
비어 있는 자리만 안고 있는
곤돌라를 향해
정상에 오르더라도
한 톨이나 적멸寂滅의 씨앗이 되랴

사량도 지리산

지리망산에 올라
너를 그리워한다.
아무리 외쳐대도
너는 보이지 않고
바다만 고요하다.
모든 걸 잊게 하는
오, 눈부신 한려수도여!

옥녀봉에 올라
거슬리는 전설을 떨쳐 버리듯
읊조리는 가락에는
뜻 모를 서글픔만 가득
너는 보이지 않고
우거진 수풀 사이로
산딸기만 붉게 익어가고 있었다.
속절없이……

이제 떠나야 한다는

뱃고동소리 높아 가는데

대항의 시원한 바닷바람이 날리는

소주야

푸른 유리병 속에 있으나

그리움에 애끓는

이 마음속에 있으나

무슨 상관이랴!

백두산에 올라

정축년에 백두산에 오르다.
그리고 아무 말도 할 수 없었었다.
기축년에 백두산에 다시 오르다.
이제야 사랑의 문법을 펼치려니
철없이 내리는 빗속에 천지는 보이지 아니한다.
오늘이 후광後廣의 국장國葬 날이구나!
사선의 빗줄기 사이에도
여전히 만주 벌판에서
해바라기는 무더기로 피어 있었다.

미인송美人松

만주 벌판을 흔드는 말발굽 소리에
다져진 몸매로
두 갈래 강물의 거친 포말을 내려다본다.
북방의 살을 에는 추위도
네 얼굴에 주름살 남기지 못한다.

푸른 하늘을 우러러 보며
세상의 평화를 꿈꾸는 격조 높은 네 자태에
동양평화를 짊어진 장부가의 의기가 투합하니
곱디고운 너는 홀로라도 결코 외롭지 않다.

굳이 기개 높은 역사를 말하지 않으면서도
너는 백년 후 남녘땅의 사람들을
은은한 미소로 품에 안고 서 있나니
이승의 미련 한 가닥 남게 된다면
내 무덤가에서 너를 반기고 싶다.

계룡산 산행

무악산 백양로에서 맺어진 인연,
반가운 얼굴들, 서른 해 전의 추억을 짊어지고
동학사 사잇길로 가파르게 설경 따라 오른다.
추위를 비웃는 양 땀방울이 계곡을 따라 눈 녹 듯하다.
소나무는 소나무대로, 대나무는 대나무대로
눈송이를 가슴에 안고 있는 뜻이 다르더라도
아련한 추억 한 가닥 부어 잡을 것이리라.
청량사지 천년 약수가 마음과 마음을 이어 흐르듯
오누이 탑에 사무치는 눈이 쌓이면
그대가 그리울 것이리라.
다섯 겹, 일곱 겹으로 전설이 쌓이듯……
삼불봉이 묵묵히 기다림으로 고뇌를 비우는 것처럼
조그만 폭포 앞에서 찍은 한 컷의 기억이 삭풍에 날리더라도
금잔디 언덕에서 나이 잊은 눈싸움을 바라보며 미소를 머금는다.
온통 눈꽃 핀 갑사 가는 길로
켜켜이 정한情恨의 세월을 머금은 그대여!
금쪽빛 생명을 품고 날아오르려는 용처럼

정든 새터에서 품은 청운의 꿈에 끝없이 이르기를!

종잡을 수 없이 살가운 속삭임들을 못 이길 때면

오누이 탑에 함박눈이 소복소복 쌓일 때면

그대가 그리울 것이리라.

서리산 연분홍

연분홍을 아시나요.
한반도를 물들이고
실제상황으로 누워 있어요.
봄날은 연분홍으로 옵니다.

연분홍 아씨를 아시나요.
서리산 진달래꽃이랍니다.
아리땁다고 말하지 마세요.
경계경보도 없이
봄날은 연분홍으로 갑니다.

태백산 시산제

정월 대보름 갓 지나

서녘 하늘에 복스런 달님,

한강의 물결 따라 스러지는 새벽녘!

산행버스에 올라 다스온 인사를 나누는 친구여!

그대의 둥그런 마음처럼

동녘 하늘을 달구는 해님,

안개로 분칠한 얼굴처럼 정답구나.

굽이굽이 이어지는 길 따라,

백두대간의 허리에 이른다.

푸른 하늘을 이고, 하얀 산등성이를 따라,

세상에 오르는 가슴앓이 떨쳐버리듯,

태백산에 오른다. 천제단에 오른다.

애달프고 고달픈 사연들이여, 안녕!

밝고 옳은 세상 이루라는 천명 따라

생명의 불꽃을 태우는 영혼들 위해

주목은 천년세월로,

뜨거운 눈물 알갱이 가득 담아,

다정한 하얀 눈꽃을 피운다.

그대는 한 밝음 뫼의 정기精氣 가득 모아

메고 온 배낭을 병풍 삼아

평생에 한 번의 소원은 이루게 한다는

시산제를 올린다.

평화로운 세상을 기약하며……

절 하옵고 절 하옵는 그대의 먹먹한 눈빛은

설산의 눈빛 따라, 청명한 햇빛에 반사되고,

곱디고운 마음을 모두 채운 제문은

함백산 너머 선자령 풍차를 울리게 한다.

그대, 정겨운 산행의 도반道伴이여,

하산 길 금지된 놀이, 아랑곳 하지 않고

눈썰매 추억 속에 몸살을 앓고 있다.

아름다운 재회를 기약하며……

황산黃山의 추억

낯선 괴암 기석의 틈바귀 마다
드러내는 생명의 빛깔,
늘 푸른 소나무, 저 홀로 절개를 세워
이슬로 그리움 삭이고, 구름을 이불 삼아
시정詩情을 재우면서,
절대 고독을 조각하고 있다.
지상의 손님은 베아트리체도 없이
억겁의 세월을 넘어, 눈길 가는 곳마다
찰나의 틈새마다 추억을 쌓고 있다.
뭇 나그네들이여,
암벽에 그 취한 뜻을 새겨 놓은들
무엇 하리!

후들거리는 만길 낭떠러지,
잔도棧道에 몸을 맡겨 놓으니
물소리 멀리 들리나 골 굽이 보이지 않고,
하늘빛 바다가 구름에 매달려 있노라.
오호라! 천해天海라, 서해西海 대협곡大峽谷이라.
신묘한 봉우리의 허리마다 나들이 사람들 넘실대고,

서로 다른 차림새의 색깔들, 한 줄기 비늘이 되어
화룡花龍처럼 꿈틀거린다.
구름은 바람 타고,
노약자는 가마 타고, 어린애는 무등 타고,
천상의 계단에 남녀노소 오르락내리락,
선계仙界의 사회주의를 이루었노라.

한바탕 소나기가 단숨에 내리 긋듯,
옥병玉屛에 실개천을 그려 놓고,
소름 돋는 가파름을 잊노라.
무거운 눈꺼풀 따라 꿈결에 아득하고,
가물거리듯 천도봉天都峰이 희미하게 바래도,
살아 있는 동안
황산에 올랐으면 그만이지,
부질없고 부질없나니
바람과 빛이 빚어내는
그림의 뜻을 생각하여 무엇 하리!
연화봉蓮花峰에서 장기나 한 판 두었으면 하는
동행한 길벗의 우정友情만 영원하리라!

변산 바람꽃은 바람에 지지 않는다

이룰 수 없는 사랑도 이루게 한다는

채석강의 전설을 시샘하듯,

거친 바닷바람이 두 손 꼭 잡은 연인들,

웅크리고 수그린 자세로 거닐게 한다.

풍설을 뚫고 동장군을 물리친 변산 바람꽃,

여리고 여린 하얀 미소로,

아침 햇살을 껴안고 그들을 맞고 있다.

직소폭포 등지고 내소사에 이르는 오솔길에,

노간주나무들 암벽에 직각으로 선 채,

그 사나운 바닷바람과 대적하고 있다.

으르렁거리는 파도소리를 타고

거목의 청송도 쓰러뜨리는 질풍에도

변산 바람꽃은 지지 않는다.

낮고 낮은 자태로,

일월 더불어 품은 뜻을 저버릴 수 없는 까닭이리라!

기다림을 순명으로 핼쑥한 모습으로

붉은 석양 따라 사그라질 뿐이리라!

그리움이 별빛 될 때까지, 둥그런 꽃술을 내민 채,

온 몸으로 꿀 향기를 뿜으며 진다.

나그네의 눈길이 조막만한 네 얼굴에 머물 때,

고상한 혁명을 꿈꾸며 진다.

변산 바람꽃은 바람에 지지 않는다.

내 어찌 너를 사랑하지 않으리!

빛깔 고운 교향곡을 아시나요

낙엽 흙을 뚫고 새싹이 돋는 소리 들은 적 있나요

나뭇가지에 새눈이 움트는 소리 들은 적 있나요

무슨 꽃이던 꽃 피는 소리 들은 적 있나요

어떤 꽃이던 꽃 지는 소리 들은 적 있나요

싹을 틔우는 소리 엊그제 들은 것 같은데,

영봉靈峰 산행 중에도

꽃을 피우지도 못하고

이름 모를 어린 꽃들이 지고 있습니다.

지는 작은 꽃잎에 이슬 닿는 소리 들은 적 있나요

가슴 속의 핏방울로 우는 그 눈물 떨어지는 소리 들은 적 있나요

지상의 모든 불협화음으로 '봄의 제전' 이루는 진혼곡을 아시나요

부활의 계절에 울리는 빛깔 고운 혁명교향곡입니다.

신선봉에서

그 누군가 불로초 찾아 헤맸다던 까마득한 옛날 언덕,
그 터를 보살피던 영주산,
그 동녘, 샘골 너머 아득한 영은산 마주 했네.
갖가지 보물을 간직하고 있다는
산 둘레 품 안에 우뚝한 신선봉,
봄이련 듯 긴가민가 하는 때, 오르려는 뜻을
성긴 나뭇가지 사이 작지 않은 깔끄막들도,
큰 신통력을 가졌다는 신선들도 막지 못하더니
산마루에서 막연한 그리움 달래고 있었네.
한반도의 배꼽 아래 있다는 단전丹田에서
뿜어 나오는 정기精氣를 들이쉬며
산악인의 선서도, 시산제의 제문도
겹겹의 산자락에 울려 퍼지고 있었네.
우리 농부들의 써레질 하던 고통이
바위로 변했다는 서래봉을 바라보며
겨우살이와 마른 칡넝쿨이 기세를 부리는 금선대를 지나
내장사로 내려가는 기슭에,

사서史書를 등짐 메고 밤길을 걸었던

장정들의 땀방울들이 금선계곡을 따라

말그스름하게 용솟음치기도 하고 잠기듯 흐르는데,

멱 감고픈 맘 누르고, 부끄러 달아오르는 얼굴 씻었네.

암록빛 둠벙에 하얀 떼까오도 없었고,

성인聖人이 세상에 나면 나타난다는 기린도 없었으며,

예쁜 사슴 한 마리도 거닐지 않았지만,

왠지 모를 시큰한 마음 감출 수 없어

아름답지 않은 것들 마저 사랑하는 취선醉仙이라도 되고파

웃음 가득한 산행친구들의 여정旅情이 깃들어진

거룩한 술잔들이 거듭 비워지고 있었네.

두승산에서

지상의 신앙들을 굽어보며
솔바람이 자유의 의미를 읽노라
푸른 하늘 아래 땅값은 본디 없었노라
혁명의 원기가 저 평원에 씨앗을 뿌린다.
업자들이여 대지의 뜻을 아는가
풍요는 나누기 위함이라는 것을!
나뭇잎 사이를 한가히 노니는
산비둘기들도 통통한데
백호만 주린 듯 포효한다.

한라산에 올라

정축년에 백두산에 올라

배달민족의 생명수를 품은 천지를 둘러 봤네.

혁명의 두 갑자를 거친 갑오년,

늦은 봄날, 한라산에 올라

대한강토의 진정한 짝을 찾았네.

반만년 역사를 수호해 온

혁명가들의 기상을 외경하듯,

천년주목도 납작하게 엎드려 맞고 있는데,

커다란 바위 아래, 이름 모를 야생화여!

어느 엷은 분홍빛 영령을 담아 피어오르나.

저 멀리 태평양을 굽어보며

충무공의 백의종군을 헤아려 보노라.

흰 사슴 정답게 노닐었다던 무릉도원,

어느새 백록담에 눈물 고였네.

산행 친구의 죽음

산행을 함께 나누며

갑오야, 나 을미야, 손을 잡던

친구의 목소리 귓가에 생생한데…….

갑작스런 을미 상가喪家에서

이미 지천명을 넘은 나이에

울 수는 없고 콧물만 훔치다가……

병신이는 아직 오지 않았는데……

겨울비 맞으며

홀로 돌아오는 길에

검은 넥타이 풀어 헤치고

밤늦도록 취할 대로 취하다가

나중에 조문한 병신에게 전화하는데……

이리 가슴 아파도

예사롭게 나누는 정담情談은

밤안개 되어 눈가를 적시네.

캠

산들 바람은 정선 아리랑을 읊어 대네요.
갱 속에서 탄을 캐던 영혼들은
외진 산골짜기에 함박꽃으로 피고
강가 돌무더기 사이 소시랑개비로 피네요.
구상나무에 얼키설키 매달린 혁명의 껍질에
비원悲願의 세월을 얼싸 안고 있네요.
정암사淨岩寺 보리수 아래 탄가루 씻어내며
수마노탑 올려 보고 미소를 머금네요.
무심코 지나쳐 들었던 물소리의 울음은
영원으로의 여행을 속삭이고 있네요.
광원鑛員의 탄차炭車는 영원 속에 머물고
우리가 탄 열차는 묻힌 역사를 캐며
영원으로의 예행 여행을 외치네요.
밤을 지새우는 나그네들,
탄가루를 뒤집어쓴 광부처럼
노곤한 육신을 산비탈에 누이고
곰자리 바라보며 별밭에서 꿈을 캐네요.
어둠을 캐내면서 세 평의 땅도 자랑 말라고
양원역兩元驛은 하얗게 서 있네요.

도솔천兜率天이 어드멘가

천년에 한번 나올까 말까 하는 음양수陰陽樹,
용비늘 몸뚱이 소나무,
고난의 세월을 견디어 낸,
갖가지 기억을 품은 자태로
청송들이 즐비하다.
새봄의 참꽃들은
솔가지에 이는 바람에 아랑곳하지 않고,
마음껏 재잘거리고 있다.
참나무는 천장봉의 신령이 되어,
허리 한 자락에 쉼자리 내어 주고 있다.
이끼 낀 바위틈엔 이름 모를 꽃 한 송이
청초한 몸매로 나그네에게 눈짓하고 있다.
산막이 옛길에 둥지를 튼 딱따구리에게 묻고 있나니,
도솔천이 어드멘가
백운산 마루의 서설 속에 가리어 있나.
여우비 바위굴에서 호수의 유람선을 바라보듯,
미륵불처럼 너는 도솔천의 내원內院에서

산행하는 중생들을 내려다보고 있구나.
진달래 향기의 추억이 벌써 아득한데,
보리수 꽃이 희미하게 매달려 있는데,
뜨락의 홍도화가 만발하고 있구나!
도솔천이 어드멘가

방태산 주억봉

꿉꿉한 검은 숲길 따라
계곡을 거슬러 거슬러
피장처避藏處를 찾는 나그네!
은둔의 꿈이 무엇이뇨.
오르고 또 오르라는 방태산의 유혹인가
주룩주룩 흐르는 땀방울
해탈의 집념인가
아름드리 소나무 기개 높이 치솟고,
무더위를 가리는 참나무 밑둥치에
초롱꽃이 반기고 있네.
산벗들의 만류에도,
깔따구들의 저지에도,
땅울림의 위협에도
봉우리에 오르는 뜻이 무엇이뇨
산맥 위의 푸른 하늘
겸허한 사랑이 스미는
주억봉의 추억이리라!

황룡黃龍 가는 길

세기말에는 잠자는 호랑이였던가

새천년에는 꿈틀거리는 황룡이런가

대륙을 덮고 뭉실뭉실 피어오르는 구름 아래

꼭꼭 숨어있는 그 곳,

이름 모를 산맥의 등줄기를 굽어보며

만 리를 날아서 내딛은 그 곳,

라벤더 보랏빛 향기가 넘실대고

유채꽃 노랗게 물드는 고원 너머,

야크 떼가 비탈진 언덕에서 약초를 뜯고 있노라.

중력을 거슬러

고독을 따내는 채밀꾼은 자신의 목숨을 나누노니

꾸러미에는 석청으로 채워지노라.

굽이굽이 골짜기를 넘고 넘어

신선이 머물 듯한 그 곳,

민산산맥岷山山脈 옥취봉玉翠峰 아래

다섯 빛깔 연못에 이르노라.

숱한 전설을 간직한 동이족의 후예여!

편백나무 숲길 따라

걸음마다 무거운 발길 따라

시간을 거슬러

그대는 회상하는가!

대궁 매고 말고삐 잡아채며 만주벌판 달리던 기개를!

황룡사의 마니차는 변함없이 자리를 지키고 있건만,

무슨 시름 떨치지 못해

그대는 거듭거듭 푸른 하늘만 바라보는가.

신비롭게 뛰어 오를 황룡黃龍을 그리며,

알몸으로 옥빛 물길에 첨벙 뛰어 들고자 하노니,

그 승천의 뜻을 헤아릴 수 없어,

맨들맨들한 황톳길이나마 맨발로 걷고자 하노라.

그대와 동행하는 무수한 고산준령도 흰 구름 따라 떠돌듯,

아예 이름을 갖지 아니하노라.

굴업도의 천문학

태양이 바닷물에 입술을 적셔,
은빛 별들이 흩어질 때,
다이아몬드보다 강한 부드러움으로
산들바람은 수크령을 누인다.
등짐으로 짊어진 먹거리 풀어
우정이 포근히 내려앉는다.
개머리 풀밭 위의 저녁식사!

붉은 놀이 친구의 뺨에 부딪혀
홍조 띤 얼굴에 미소를 머금을 때,
갈매기의 비상보다 여유롭게
평화가 살포시 내려앉는다.
사슴가족도
개머리 풀밭 위의 저녁식사!

유년의 추억을 손님별이
두 번이나 나르고,
비행기 불빛이 별빛 사이로

그리움을 나르고,
은하수 너머 초신성超新星의 흰빛이
굴업도에 먼지로 내려앉는다.

반달이 잔잔한 바닷물결에
교교히 내리비치고
일곱 친구들 큰곰자리 올려보듯,
하늘을 대지로 삼는 무수한 별들은
헤드랜턴 불빛 따라
어두워진 언덕길을 걷고 있는
북두칠성을 내려 보고 있겠지!

연평산과 덕물산 사이로
아침햇살 쬐며 사슴 하나 졸고,
일곱 도반들 목기미 백사장을 가로질러
코끼리바위를 찾는다.
연안선 선미의 하얀 포말을 바라보며
벗님들의 여정旅情을 새긴다.

여섬餘島

겨울을 보내기 위해 길을 걷는다.
주머니 속 조약돌 만지작거리며,
그대가 그리울 때면 길을 걷는다.
만대항을 등지고 당봉을 넘어 가마봉을 넘어
바닷가 솔밭 길을 걷는다.
바람소리보다 살가운 파도소리에
바다는 졸면서도 함께 길을 걷는다.
가슴팍으로 스며드는 솔내음은
저 멀리 사라지는 갯내음을 어여삐 여기고,
햇빛이 뿌려 놓은 은빛 물결은
잔잔한 물보라의 은빛 비늘을 어여삐 여기고,
들물에 둘러싸인 삼형제 바위는
농울을 껴안고 있는 무인도의 만남을 계시하고 있다.
섬으로 남기를 고집하는 그대와 처음 맞닥뜨릴 때,
뜻 모를 해후를 기약하는 풍토병을 앓듯,
나의 눈길은 절벽 아래로 떨군다.

사람의 발길이 닿으면 뭍으로

바다의 물길이 닿으면 섬으로

누가 그대를 섬으로 불러 주랴!

그대에게 다가갈 수도 있으나 아직 때가 아니다.

그믐날의 밀물이 가로막아

그대를 낳은 용난굴을 찾아 헤매었나니,

여섬, 그대를 바라만 보는 슬픔도 모두 지나가리라.

꾸지 백사장에 모닥불 피어놓고, 저녁놀 보내는 마음과 같아라.

관백정觀白亭에서

백도白島가 보이지 않아도

나는 외롭지 않다.

뜨거운 가슴으로 너를 바라보고 있는 까닭에

손길이 닿을 수 없어도

너의 체온 느낄 수 있어

그리움은 무지개다리 띄우고

갯바람이 부드러운 감촉 전하는 까닭에

생태물리학 Eco-physics

그 해 여름은 몹시도 무더웠다.
호미 곶에서 해오름을 맞으며
선유도에서 해넘이를 바라보며
시간의 뿌리를 찾는다.
도봉산의 여성봉 위에서도
내연산의 은폭포 아래에서도
태화강을 거슬러 오르는
연어들의 회귀처럼
태허太虛의 자궁 속으로
순명의 뿌리를 찾는다.
양주, 철원, 대구, 창원, 평해를 거쳐
조상의 뿌리를 찾는다.
월송정에서 먼 바다에 대한 시선을 거두고,
고부 용흥리에 묻힌 부모님 산소에서
머리를 숙인다.
이제 너는 고아인가, 미아인가
너의 육신은, 너의 영혼은

도대체 어디쯤에 있는 것인가
모든 것은 당신의 품안에 있는데,
유달리 뜨거운 여름의 뙤약볕도
시공時空을 헤매는,
뿌리 찾는 열기를 질투하고 있었다.

무창포의 석양

간밤의 파도소리도
바람이 머물다간 흔적처럼
꿈속의 자장가처럼
추억의 포말로 사라지리라!
그리움의 숨결로 남으리라!

석양을 마주하는 나그네 하나
석양을 등지고 있는 외로운 섬 하나
언제나 오늘은 내 인생의 가장 젊은 날!

비릿한 갯바람에 하얀 입김을 날리면
새벽은 또 다시 항구를 품안에 안고
백사장 맞은편 산마루 해송 가지에
어느덧 아침 해 걸리어 있네.

언제나 오늘은 내 인생의 가장 젊은 날!
새벽별 바라보는 안개 속의 열정이라도

누군가의 석양으로 사라지리라!
무창포의 사랑으로 남으리라!

사초莎草

역사를 누가 기억하는가

이탄층泥炭層에 쌓이는 5천년의 역사를!

금강초롱의 수줍음을,

비로용담의 활짝 웃음을,

물매화의 유혹을

누가 기억하는가

눈에 밟히는,

나그네의 추억으로 기억되는가

역사를 품속에 껴안고

영원을 거듭남으로 증거하며

용늪의 적막을 지키는 그대이리라!

물안개 피어오르듯

그대는 긴 머리카락을 풀어 올리면서

연고지를 알 수 없는

승천하는 용을 품고 있었나니,

부드러운 바람결을 타고 요염한 몸짓으로

이제 새로운 황룡을 기다리는가

대암산 기슭에서

황철나무와 황벽나무가

마중을 서고 있구나!

축제의 마지막 날

축제의 마지막 날 봄비가 내렸어요

뭇 사람들이 광신도처럼

마지막 날 축제를 찾아

관광버스를 대절하기도 하였고요

우리는 예정된 대로

비에 젖은 참꽃을 맞으러 갔지요

기다림에 젖은 진달래꽃

축제의 마지막 날에

우리를 반기고 있었지요

한 여인이 정성을 다해 싸들고 온

쑥떡의 감미로움처럼

해갈의 단비를

참꽃도, 우리도 함께 젖었지요

지상에는 생명을 위해,

인간에게는 겸허한 사랑을 위해,

인삼막걸리를 들이키는 순간에도

달디 단 봄비가 리듬을 맞추고 있었지요

코리아의 희망을!
그리움에 젖은 고려산 진달래꽃이
달디 단 봄비에 속삭이고 있었지요
모든 이의 소망에 장단을 맞추듯
축제의 마지막 날 봄비가 내렸어요

눈길

하얀 눈길을 걸으니
평범함이 아름답다
푸른 하늘을 바라보니
단순함이 아름답다
벌거벗은 나뭇가지들이 흔들리니
소박함이 아름답다
얼굴을 에이는 거센 바람을 맞으니
간결함이 아름답다
푹신푹신한 눈길 따라
함백산 능선길 따라
백의민족의 한 사람이
백두대간을 걷는다
겨울의 한 복판에서
한 여름의 뙤약볕을 관조하며
야생화 만발하는 봄날엔
새로운 꽃길이 되겠지!
산행의 발길 거두는 날,
이러한 지상의 행복이 그리울까

동행同行

눈 덮인 겨울 숲길을

바람소리와 함께 걷는다.

사람 발자국이 없어,

내 그림자와 함께 걷는다.

나무들의 그림자와 함께 걷는다.

싸각거리는 내 발자국 소리가

알 수 없는 산짐승들의 빗금진 발자국을 덮는다.

이름 모를 검은 머리 산새의

주황색 목덜미 깃털이 아름답구나!

설원雪原을 가득 채운 추위만이

임도林道 따라 서성거리고 있다.

길을 잃어도, 길을 헤매도

외롭지도 두렵지도 않다.

자작나무 숲길을 지나

첫 키스의 숨결을 기억하는

당신이 동행하고 있기 때문이다.

김나는 내 몸뚱아리가 아니라,

당신 품안의 다스온 추억이
내 눈을 밝히고 있기 때문이다.
설맹雪盲이 되지도 않았고,
아직 해가 저물지도 않았다.
깎아지른 산자락, 백설의 오솔길 너머,
푸른 하늘을 이고,
겨우살이가 까치집처럼
군락을 이루고 있었다.

갈림길에서

자작나무 숲의 고독을

그대는 아는가

부치지 않은 편지에

그대는 미련을 가지는가

마지막 한 마디 말하지 못한 그대!

사랑은 가도

그대 정녕 슬픔을 내색하지 않는가

살아 있다는 것에

무조건적인 사랑에

감사의 기도를 올리네

육신이 흐느적거릴지라도

늦은 귀가의 택시 안에서

이 시를 그대에게 전하고 싶네!

설산雪山

설산을 걷는다.

마냥 하늘을 향하여 오른다.

환한 웃음 속에 연인산을 가둔다.

해독하기 어려운 설형문자로 설산의 전설을 적던,

상고대 무늬가 푸른 하늘과 공제선空際線을 이룬다.

이승이 어드메고 저승이 어드멘가

산사람들이 설산을 화룡花龍처럼 내려간다.

겨울햇살의 붉은 열정이 강추위를 녹여 우정을 새긴다.

산에서는 신을 믿는다는

등산화도 깨끗해지고

산사람들의 마음도 하얗다.

민둥산

산 이름은 쉬워 보이는데,
산행은 결코 쉽지 않구나.
추위 속에 빛나는,
쨍그랑 깨질듯 투명한 햇빛을 받아
나무들은 하늘로 하늘로 뻗어 오르고,
민둥산 마루에는 하늘과 땅의 기운 모여
백두대간 사방으로 뻗어 나가네.
산맥을 타고 넘던 바람이
시리도록 귓전에 속삭이네.
억새밭의 평화를 함께 나누리!
산벗들의 우정 또한 영원하리!
고병계곡에서 품고 있는
삼내 약수도 계속 영험하길!

강각江閣에서

굽어지는 계절의 골목에서
만남이란 인연의 수레를 타고
함께한 날들을
아끼고 사랑하지도 못한 속울음들!
강각에 묵은 그대는
밤새 울고 있는 시냇물 따라
어느 늦가을 하룻밤의 추억을 밀어내고 있었다.

꺾어지는 인생의 골목에서
기울대로 기운 달이
살짝 조각거울로 나뭇가지 사이에 비칠 때,
나그넷길에 함께 나선 도반들의 환한 웃음소리와 정담들!
강각에 머문 페르세우스는
카시오페아 별빛을 따라
어느 늦가을 하룻밤의 추억을 쌓고 있었다.

강각에 묵는 이들이여!

회오悔悟의 단풍에 취하걸랑

산 그림자 뒤로 내딛는 강변길 따라

어느 시인의 속울음을 기억하라

별빛 따라 내려온

안드로메다 가족의 사랑을 기억하라

문수봉 가는 길

장군봉은 기원祈願의 봉우리인가
문수봉은 치유治癒의 봉우리인가
한걸음 한걸음 발길을 내딛으며
온갖 나무들 화석 될 때까지 배인
연륜과 역사의 상흔을 잇는다.
산굽이 물결 흐르듯하고,
보시의 가을 햇살이
중턱의 무량수전에 내려앉을 때,
골짜기에 독경소리 나지막이 메아리친다.
주목의 향기 넘고 넘어
장군봉이 반겨주는
산마루의 천제단에 이른다.
삼단의 돌 제단에
그대는 아홉의 절을 올려
무엇을 기원하는가
서리에 농익은 마가목 열매는
루비구슬처럼 투명한 빛을 내고,

자작나무들은 은비단으로
곱게 치장하고 있다.
온갖 풍상을 겪어낸
굽어진 은사시나무 가지들
하늘로 뻗치고
낙엽을 떨구어 내듯,
육신의 해방을 외치고 있다.
세상살이로 상처받은 영혼들이여!
치유의 길이 바로 여기에 있지 않는가
벌거숭이 된 나무줄기들,
은빛 뼈가 된 그 아래,
그대가 걷는 오솔길이
철학자의 길로 다시 새겨지리라.
문수봉에 이르러
태백산 사위의 중심에 서면
열반의 기운이
돌탑을 타고 솟아오른다.

귀인은 고개를 숙인다

그대는 백마 탄 초인을 맞으려고 천계산天界山에 오르는가
푸른 하늘에서는 상서로운 구름이 내려오고,
그대는 천상의 사원에 이르는 팔백 여든 여덟 계단을 오른다.
통천문을 지나기 위해서 그대는 고개를 숙인다.
하늘과 땅을 가르고,
선계와 속계를 나누는
노야정老爺亭에서 현천상제玄天上帝를 만난다.
무릎을 꿇지 않고 어찌 제향을 피어 올리겠다는 것인가
본래 무릎을 꿇고 기도하는 귀인은
고개를 숙인다.
노자는 웃지 않으면서도 웃을 수 있다네
그대는 진정 백마 타고 오는 초인을 보았노라!

그대는 백마 탄 초인을 맞으려고 팔천협八泉峽을 걷는가
협곡은 직각으로 내딛고,
그대는 골짜기 물줄기를 거슬러 걷고 또 걷는다.
통천문을 지나기 위해서 그대는 고개를 숙인다.

고개를 넘고 넘어 옥황궁에서

옥황상제玉皇上帝를 만난다.

무릎을 꿇지 않고 어찌 제향을 피어 올리겠다는 것인가

본래 무릎을 꿇고 기도하는 귀인은

고개를 숙인다.

그대는 팔천협을 굽어보며 고개를 숙인다.

아아! 속계로 내려오는 최초의 감각이 배고픔이었던가

혁명가들이여! 주림 없는 세상을 위하여 그대는 아직도 배고픈가

노자는 울지 않으면서도 울 수 있다네

그대는 진정 백마 타고 오는 초인을 보았노라!

노추산 산행

울울창창한 거목을 뒤로하고
오르고 또 오르고 이성대二聖臺에 이른다.
한림학사가 남긴 돌판 글씨만이
홍유후弘儒侯의 세월을 아우르고 있구나.
노나라 추나라 흔적이 7부 능선에 머물고 있는데,
소슬한 사당의 누각 너머로
공맹孔孟의 이념은
푸른 하늘에 걸리어 있구나.
산왕대신의 위패 너머에
노추산에 머물던 신선은 간 데 없고,
멧돼지 놀이터가 되어 있구나.
멀리 운해가 보이는 동녘에는
문성공의 밤골이 있을지어다.
큰고개 애오개 넘어
마주한 산마루보다 겸양으로 높은
아리랑산이 작은 돌 표지에 자리하고 있구나.
산자락 따라 내려가고 또 내려가고

하염없이 아리랑 고개 넘듯 발병 나는 하산 길에,

신선한 계곡 물소리가 홍진의 시름을 씻어 나르고 있구나.

굽이진 개울 따라 켜켜이 쌓아 올린

삼천 여 돌탑들 사이로

한줄기 골바람이 일어

눈물 머금은 모정母情을 전하노니

이 또한 노추산의 추억에 머무르리라!

엘레지

광덕산 숲속 길은 육산 산행 길!
세월이란 흙으로 다져진 능선을 타고 오르막 내리막 걷는다.

겨우내 쌓인 낙엽이 길바닥에 고동색 카펫을 깔아 놓은 듯,
더욱더 육덕진 봄길 산행에
노루귀, 양지꽃, 가재무릇, 이름 모를 야생화들
세월 지난 비가悲歌를 잠재우고 다투어 피고 있노라.

오솔길 양쪽에 도열한 진달래꽃!
분홍빛 봄날을 일없이 보내는데,
살가운 바람소리를 구령삼아,
제멋대로 행하는 열병식은 누구를 위한 것이냐
복사꽃 대신하는 참꽃의 무릉이라!

'질투'로 상처받은 이!
'바람난 여인'을 셀 수 없이 지나면서
이제 지난 엘레지elegy를 잊노라.

춘풍을 머리에 이고 있는 얼레지여
그대 보랏빛 여인이여
낮은 곳으로 엎드리고 엎드리는 미학을 이루노니,
얼레지 그대가 다시 일어설 용기를 북돋아 주는구나.
가재무릇 피는 봄의 다른 이름은 부활이라!
얼레지 그대가 새로운 출발을 기약해 주는구나.

신비스런 시산제

서른이 넘는 산행 동지들,
나름 나름 제수품들을 등짐 지고
청계산을 오른다.
산뜻한 산책길처럼 걷는다.
귀엽고 앙증맞은 생강나무 꽃이 마중한다
매봉 아래 절벽 바위를 병풍삼아 제단을 다지고,
신령님께 차려 놓은 제사상에
배, 사과, 곶감, 대추, 명태, 동그랑땡, 홍어전, 배양산삼꿀절임…
제수품, 제주祭酒가 특별하구나.
올해도 무탈한 산행을 비는 시산제의 제문이
낭랑하게 산기슭에 울려 퍼지는데,
한울님도 감복했는지
신춘서설의 눈꽃을 흩날려 준다.
개벽의 새로운 운율인가
신령스럽게도 하늘에서 천둥의 바리톤으로 화답한다.
신비스런 시산제를 마치는 하산 길에는
수줍은 새색시마냥,
연분홍 진달래꽃이 배웅한다.

지리산에 올라

세밑 지리산 종주산행을 꿈꾸며,
구례행 전라선 야간열차에 몸을 싣는다.
잠을 설친 설렘을,
새벽녘 역전 식당에서 재첩국으로 달랜다.
성삼재에서 잃어버린 애중의 지팡이를 아쉬워하며,
이내 집착을 떨친다.
노고단에서 여명을 바라보며,
지리산 품 안으로 발길을 내딛는다.
기해년 새해를 위해 돼지령에서,
동료들을 멈춰 세워 기념사진을 찍는다.
반야봉의 유혹을 제껴두고,
전라북도, 전라남도, 경상남도를 나누는
삼도봉의 경계석을 내려다본다.
성난 물소 떼들이 돌진하듯,
그 콧김들을 합쳐 내뿜는 위협으로,
우르릉, 쉭쉭, 우르릉, 쉭쉭!
지리산에 있는 온갖 나무들의 가지마다 이는 바람을 모은 듯,

매섭게 몰아치는 바람소리에 기죽지 않고,
연하천 대피소에 이른다.
밤새 눈발이 날리고, 강추위가 위세를 부려,
거의 뜬눈으로 날샘한 아침녘,
영롱한 햇살에 상고대가 황금빛으로 눈부시구나!
어깨에 무겁게 짓누르는 배낭은 더욱 무거워지고,
이미 낯짝을 에이는 추위는 잊혀졌노라!
벽소령에서 숨을 고르고,
선비샘의 유래를 읽으며,
사위를 둘러보는 전망을 가슴에 담는다.
세석대피소에서 간단히 요기를 마친 후,
세석평전에서 남해를 멀리하고, 천왕봉을 바라보며,
새롭게 산행의 뜻을 가다듬는다.
촛대봉, 연하봉을 거쳐 장터목 대피소에 이르노니,
저녁노을의 안녕인사가 마음에 어린다.
너덧 시간의 푸근한 잠이 도움이 되었던가
가뿐하게 제석봉을 거쳐 통천문을 열고 천왕봉에 오른다.

동료대원들을 기다리고 있다.

해돋이를 기다리고 있다.

구름이 위와 아래로 평행으로 있는 사이로

해가 솟아오른다.

위에 있는 두 번째 구름도 뚫고

드디어 천상천하에 빛을 비추며

해가 솟고 있다.

숨죽이며 일출을 응시하다가

은덕을 입은 '오늘'이라는 건,

어떤 진화이려나

어떤 혁명이려나

나의 기도문을 되뇐다.

모서리에 서다

대광봉 고대정 너머
하늘도 하얗게 푸르고
가을 햇살이 숲속 빈 의자에 앉으니
길섶에 서어나무가 붉게 푸르다.
삼각봉 지나는
골골마다 굽이굽이마다
쑥부쟁이 향기로 그윽하다.
백마고지가 어드멘가
고대산 마루에 올라
철원평야에 누런 금을 긋고
고대봉 모서리에 서다.
보랏빛 투구 꽃과 하얀 구절초 사이
순간과 시간의 세포막 사이로
지팡이 한 자루
절대고독의 모서리에 서다.
만남과 만남 사이에
표범이 할퀸 바위의 절리 사이로
고즈넉이 폭포의 침묵을 듣고 있는가

반구정伴鷗亭에서 화석정花石亭까지

걷는다.

반구정에서 화석정까지.

걷는다는 것은 살아 있다는 것

하양나비, 노랑나비도

파랑 고추잠자리도 동행한다.

살고 싶으면 걸으세요

걷는다는 것은 만난다는 것

방촌도 율곡도 바람 이는 정자에 머물고 있다.

길을 잃어 헤맬 때에도

까망 오디, 빨강 보리수 열매를 만난다.

누렇게 익어가는 보리밭길 따라

길을 걷는 것조차 잊을 때에도

꺼벙이들 데리고 소풍 나온 까투리,

논두렁에서 졸고 있는 집오리,

모낸 논에서 뭔가 노리는 왜가리,

전봇대 위의 까치를,

전깃줄 위의 참새를 만난다.

걷는다는 것은 깨닫는다는 것

촘촘히 매달린 빨강 앵두들의 유혹을,

길섶의 진홍 해당화가 이끄는 것을.

하양 밤꽃의 그윽한 향기를,

연분홍 콩꽃의 매력을,

쭈그러진 감자 꽃의 우울을.

완두콩도 여물어 가는데,

고추 꽃이 말하고 있다.

고추도 고추 꽃을 피워야 고추가 열린다는 것을

걷는다는 것은 살아 있음을 잊는다는 것

솔개 나는 하늘 길도 올려 보고,

사무치는 임진강 물길 따라,

뻐꾹새 우는 숲속 오솔길 따라

빨강 개양귀비, 노랑 금계국이

진하게 다투는 흙길 따라

슬픔을 잊는다는 것,

아픔을 잊는다는 것을.

하늘의 날갯죽지 안에서

대지의 품안에서

스미는 온기를 느끼며

낫고 싶으면 걸으세요

비 내리는 순천만에서

비 내리는 순천만에서
노랑 아이리스,
빗방울 따라 그대 눈망울에서 숨어지고,
연인 낭만길,
그대는 나이를 잊고 홀로 걷는다.
비바람 속에 어린 참새 도움을 구하듯
독특한 목청을 돋군다.
소소히 내리는 빗물에 멱 감듯
망둑어 튀어 오르고
갈대 새순 무더기로 다투며
빗속에서 키 재기 한다.
대숲쉼터에서 갯바람 피하고,
용산 전망대에서
젖는 마음을 백지 엽서로 보낸다.
비 내리는 순천만에서 적는

그리움의 연정戀情인가

시름에 지친 여정旅情인가

글자 보이지 않더라도

벗님들이여

우산살 타고 내리는 빗방울 헤치며

따끈따끈하게 심장 뛰는 소리

읽어 보기를!

왕시루봉은 어디에 있는가

왕시루봉은 어디에 있는가
어머니의 산, 지리산에 있는가
지리산에 들르거든 왕시루봉을 찾을지어다.
상서로운 해돋이와 해넘이 사이에 있는가
신비스런 운해雲海의 강 위에 있는가
노루샘터, 반달곰 샘터에 있는가
풍토병을 피한 선교사들의 유적지에 있는가
저녁녘 산장에서 부르는 노랫소리에 있는가
새벽녘 산새들의 합창에 있는가
푸른 하늘을 이고 있는 노송 가지에 멀거니 앉아 있는가
뭉게구름 물끄러미 바라보는 섬진강아, 말해다오!
목이 쉰 그대 가슴 속에 있지 않는가
쉼터가 되는 산행친구들의 우정 속에 있지 않는가

칠만암七萬巖을 바라보며

역고드름이 하얀 싹을 틔울 때에야

꼭꼭 숨어 있는 칠만암을 찾으러

뚜벅 뚜벅 그대는 걷는다.

무예를 익히러 가느냐, 사랑을 일구러 가느냐

백마고지를 넘어

두루미 세 자매 철원평야를 비상하며

다정스레 환영 인사를 전한다.

화개산 도피안사에서 절 올리는

그대의 소망이 무엇이더냐

붉은 연정戀情은 강추위로 익어 내린

산수유 열매로 맺혀 있노라.

은둔의 그대 또한 신묘한 조화를 꿈꾸느냐

칠만암은 어디멘가 있을지니라.

팔괘를 짊어지고 황하에서 솟아 오른

용마龍馬를 타고

학여울의 쌍징검다리를 건너

졸음을 떨치며 한탄강변을 걷는다.

뜨거웠던 여름 날 강물 속에 열정을 숨기고
한 겨울에 칼바람을 뚫고 기묘한 모습 드러내노니
몇 만 년의 역사를 잊었노라.
오늘따라 유난히 둥그럽게 떠오르는 달님처럼
온 가슴에 땀 흘리며 달려오는가
이미 쏘아 올린 화살이 도착했을 때에야
용마의 침묵을 알리라.
용마는 날갯짓하며 천마天馬처럼 나는 것이 아니리니
천년 해후의 꿈을 간직한 연인의
진한 키스처럼 달아오르리라.
칠만암은 전설을 품고
이미 그대 가슴 속에 앉아 있노라.

설악의 달

오색에서 대청봉을 향해

여명을 뚫고

인시寅時에 오르기 시작한다.

옛적에 거뜬하게 야간 산행했던

추억도 의미가 없어라.

산등성이 깔끄막은 갈수록 가파르고

북두칠성은 밤하늘 한가운데에 떠있다.

동장군과 등짐만이

적막의 숨결처럼 어울린다.

하얀 눈길 위에 설악의 달이 함께 걷는다.

어스름 속의 봉우리를 밟고

성스런 해맞이까지 안내하고

그대는 순례자의 기도소리 들으며 사위어간다.

대청봉에서 사방을 둘러보는 즐거움을

맹렬한 바람소리에 띄워

카톡으로 도시 친구들에게 보낸다.

눈 짐을 지고 있는 소나무들 사이로

동트던 아침 햇살을 타고,
새롭게 피어나는 신비스런 운해가
설악의 달에게 고마움을 표한다.
으스름달빛이 사그라져도
내딛는 발걸음이 무거워져도
산행의 뜻이 깊어가는 것은
약속된 산행동지를 만나는 기쁨이랴
눈꽃이 얼음꽃 되어 쓰다듬으면
워낭소리로 울리는 겨울궁전에
적멸보궁이 따로 있겠는가
이제 보이지 않는 그대를 그리며
봉정암 윤장대를 탑돌이 하듯 둘러본다.
얼어버린 폭포들을 뒤로하고
백담계곡의 바위마다 알알이 쌓여진 기원祈願들이여!
꼭두새벽부터 한나절 산행에 들숨과 날숨으로
정담을 함께 나눈 설악의 달이여!
그대를 어찌 잊으리

철학자의 길

'철학자의 길'이라 하면,

하이델베르크 네카르강 건너편

언덕길을 생각하나요

교토 은각사 옆길을 생각하나요

한반도에는 태백, 해발 일천 이백 미터 고도의 산줄기에 있답니다.

철학자의 길은 고려 유신들의 은둔의 땅에서,

두문동재에서 시작합니다.

대덕산 마루를 거쳐 검룡소에 이르기까지

산책하게 되는 길이죠.

백두대간의 혈맥에서 정기精氣가 모이고,

한반도 중원의 젖줄인 한강이

발원하는 곳에 있습니다.

이 산책길을 걷고 싶은 생각만 해도 벌써 심장이 뛴다고요

한걸음에 달려가고 싶은 마음을,

천천히 서두르라고

금강초롱꽃과 산옥잠화가 높새바람에 전합니다.

이름 모를 새들이

사색은 다리로 하는 것이라고 지저귀고 있습니다.
이름 모를 야생화들은
자기만의 색깔로 천국을 그려내고 있습니다.
멀리 보이는 풍차의 날개는 삶의 원기元氣를 발전하고 있고요
찔레꽃 만발한 산둘레길에
동행친구들은 나이를 잊고 온통 재잘거리는데,
그 웃음소리가 시원한 바람타고
짙푸른 녹음 속으로 메아리치고 있습니다.
삶은 살아야만 한다는 것이라고,
이것보다 더한 철학은 없다고 계시합니다.
솟아오르는 검룡소의 작은 물소리가
벌써 힐링의 한강물을 가득 채워 넘실거리게 하는군요

산도화山桃花 서정抒情

봄빛 가득한 무악산 자락 길에

산도화가 짙은 분홍빛 웃음을 괜스레 날리고…

뒤숭숭하게 내리는 빗줄기는

어두운 허공의 가르마를 곱게 가르고…

립스틱 서툴게 바른

산골 아가씨의 화장기化粧氣를 씻겨 내는 거야

탓할 바 있으랴.

어설프게 솔가지에 이는 봄바람이 속삭이나니

오메! 무심한 빗발이여!

어쩌다 두근거리는 멧비둘기 마음도 지고 말겠네!

인왕산 숲길을 어슬렁거리는 나그네도

요로코롬 상큼한 새봄의 유혹을 전해 듣나니,

때늦은 봄비의 질투 어린 장난질에

흩날린 산도화 꽃잎만

질척이는 오솔길에 젖고 있구나.

순례자의 첫사랑

아버지와 어머니 묏등은 나란히,
영주산과 봉래산의 멧등은
마주보고 있구나

독새기로 가득한 논두렁 밭두렁,
갈아엎어야 할 일거리가
황소의 멍에에 걸리어 있구나

귀가 순해지는 나이에 이르러서야,
순례자의 첫사랑이
묵주의 기도로 이어져 있구나

CHAEMUNSA PURPLE BOOKS

채문사 채문시집 003

아름다운 산행

2021년 12월 01일 제 1쇄 발행

지 은 이	황두승
발 행 인	인세호
편 집 인	인세호

발 행 처	(주)채문사
주 소	서울시 마포구 독막로6길 9, 2층 2426호
전 화	070-7913-2333
메 일	chaemunsa@gmail.com
등 록	2018년 4월 12일 (등록번호 제 2018-000101호)
인 쇄	(주)한솔피엔비

ISBN 979-11-975732-4-8

* 이 책은 사회적 기업 (주)디올연구소의 노안, 저시력자용 특수 폰트를 사용하고 있습니다.

* 잘못 만들어진 책은 구입처에서 바꿀 수 있습니다.
* 이 책에 실린 내용의 전부 또는 일부를 재사용하려면 (주)채문사의 동의를 받아야 합니다.
* 가격은 표지에 표시되어 있습니다.

Printed in Korea
Copyright (C) 2021 by Chaemunsa Co., Ltd. All rights reserved.
http://www.chaemunsa.com